El arte de la guerra, perpectiva cibernética

ISBN: 1718615159
ISBN-13: 978-1718615151

CONTENTS

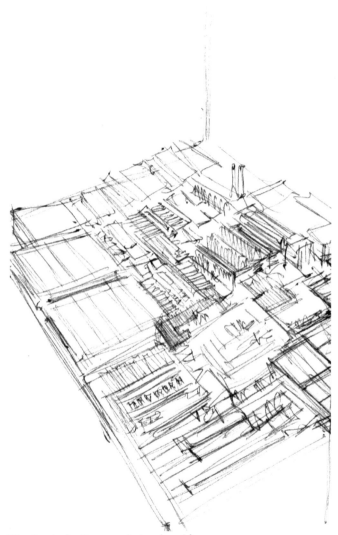

El arte de la Guerra, introducción

La cibernética nos insta a contemplar un amplio espectro de situaciones y fenómenos como un sistema de procesamiento y computo, Gordon Pask y Stafford Beer, cibernetistas de segunda generación contemplaban "computadores" en colonias de hormigas e insectos, el primero documenta una obsesión saludable en torno a los computadores concebidos a partir de sustancias reactivas y en un contexto electro químico. Beer en sus facetas y años místicos traslada su atención al oleaje y al mismo mar, el inmenso planeta, con sus continentes, mares y océanos, cielos mutables y diversos, un recipiente atmosférico validado en la clasificación de gases y sustancias asumido a modo de un colosal dispositivo de computo. La ciencia ficción y las perspectivas científicas esbozan la reconfiguración de una estrella a modo de un colosal dispositivo de cómputo o cerebro (Matrioshka Brain, Robert J. Bradbury).

Se expresaba una aversión manifiesta a las máquinas, se les tildaba de estéril, carente de vida y artificial. Los cibernetistas de primera generación establecían sinergias con diversas disciplinas, la neurología establecía un dialogo con la electrónica y de sus abordajes cimentaron las arquitecturas elementales de las máquinas con las cuales hemos interactuado durante décadas, el sistema nervioso y cerebral aunado a la capacidad de respuesta sirvió en su concepción. Nuestros dispositivos son hijos de un pilar biológico, escuelas que trascienden las eras e inmensos periodos de tiempo. El arte de gobierno y las raíces etimológicas de la cibernética se muestran afines, el timón y dispositivo de comando, el canal que transmite una dirección u avance. La configuración de un sistema con una matriz tangible y un flujo de datos que derivan a modo de propiedades emergentes. Mecánicas manifiestas de manera aleatoria, posibles sorpresas e invocación de posturas predecibles a través de rangos estadísticos. El timón, la palanca o el volante ha de contar con la expertica y visión del piloto, en esferas más profundas quien lo entrena, quien aporta las proezas técnicas y tecnológicas de su vehículo, la sumatoria de conocimientos, la vitalidad de la economía que garantiza su uso e inserción en sus medios. Una vasta red de relaciones y trazos en torno a un organismo de gran tamaño. De la atención focalizada a la atención que discurre en millones de puntos y es capaz de lograr un equilibrio o una condición homeostática.

Dos tropas que se suman al conflicto y la batalla, miden sus fuerzas. Las dos tropas son un sistema, un sistema que trasciende y expone la grandeza de las poblaciones que la soportan. Un rifle no logra emplazarse en manos de un soldado de no ser por la industria que le produce, el equilibrio de sus modelos económicos, la especialización de oficios y un extenso numero de variables.

Einstein recordaba al mundo, de tener una 3era guerra mundial (con la proliferación de las armas atómicas) la siguiente guerra se pelearía con palos y piedras.

La filosofía de los maestros en las artes marciales, la elección del camino o el Tao, asumida por Sun Tzu, exponen sus tratados de guerra partiendo de la configuración, orden y armonía del estado. De la escala del individuo a la gestación de un mega-organismo. Comprensión de múltiples factores sintetizados en pilares fundamentales, tal como la doctrina adoptada por el pueblo o nación, el cielo y sus cambios, el terreno y sus tipos, la disciplina marcial y la gestión administrativa en una dimensión castrense y el general o identidad del sistema al comando, consolidación y entrenamiento de la tropa.

De lo físico a lo mental, de los recursos a la máxima economía de fuerzas, de la expresión de un poder descomunal a la perspectiva humana, dispensan un trato fraterno hacia el adversario. Despliegue de redes neuronales a través de los dominios del adversario, alteración de percepciones y registros sensoriales por parte del oponente.

Lecturas desplegadas sobre lo insondable, lo inaprensible, la conquista detectada y validada previo a exponer instrumental bélico alguno.

Suma, sinergia y progreso, impreso en los libros que solían creerse inaccesibles hasta el desarrollo de la genética.   Una colosal obra y paradójicamente, un gran tratado de paz para las naciones que colapsan ante el discurso de charlatanes y demagogos.

Evaluación

Un gran artista procede a ilustrar la portada del libro de Thomas Hobbes titulado Leviathan, se vislumbra un coloso sosteniendo en una mano la espada, símbolo del musculo y la potencia militar y en su otra mano un cetro, emblema de autoridad y regencia, sobre su rostro expone la corona, para un cibernetista: la identidad del sistema. De detenernos a observar atentamente a su traje y su atavío detectaremos un impresionante número de personas mirando en dirección al rostro de su gobernante o figura que encarna su institución.

¿Cuál es el primer pilar expuesto en el arte de la guerra, primer principio y fundamento? El Tao, entendido como la ley moral, en otros será asumido como la vocación o arte de canalización y expresión de toda acción, modulación de pensamiento y emisión de respuesta. Esta en concordancia con el gobernante y la armonía de sus múltiples células y órganos.

El cielo, las civilizaciones revelan un común denominador en las cartas y mapas astronómicos, para Roma imperial y el ejercicio edilicio, el decumano: en sintonía con la trayectoria solar, las constelaciones del zodiaco a modo de telón de fondo, el movimiento pendular que dibuja bien sea en Oriente u occidente un rango de 23° acorde a la inclinación planetaria en dirección al sur y al norte, estaciones y fechas calendario, pautas cósmicas en la estrella inmóvil a la que solemos conocer como Polaris o la del norte. Un despliegue cinético, una danza de un centenar de estrellas y configuraciones simbólicas por fondo, un velo próximo y mutable, de lo gélido a las temperaturas elevadas, el clima impredecible que ante la observación y monitoreo diligente hace factible anticiparse a sus voces y lecturas. Un arma adicional a un gran arsenal.

De la tierra y su equivalencia con las distancias y pesos temporales. Escenario de soporte al despliegue de la acción, el lienzo que asimila su curso.

Del general: el sistema neuronal que pulsa y reprime el estimulo adherido a las potencias. Quien logra hacerse cascada y quien asume de forma diestra la configuración del lago.

De la doctrina militar o disciplina marcial, el ámbito administrativo, la validación de un mega diseño ante la multiplicidad de los ritmos y lo impredecible.

El ancestro del dispositivo de computo lo podremos hallar en el motor analítico de Babagge o un equivalente en una calculadora convencional, computa y procesa en función de una lógica preinstalada, fuera de tal ámbito se torna inútil. La evaluación en la disciplina marcial invoca un accionar analítico, extraer a modo de metáfora una balanza que permita revisar de manera crítica y objetiva las condiciones y factores del conflicto, incluso si el ambiente emite la idea de una situación tranquila o pacifica.

Sobre los cinco pilares expuestos se revisa sus contrapartes, incluso la propia. La vitalidad y consistencia política, en torno a sus gobernantes, se mide en cada uno de los actores y participantes, sus ciudadanos, sus actividades, su prosperidad y condición de bienestar. El más hábil en sus ministros y regentes de instituciones.

Detectar las ventajas y condiciones sobre la situación real, se promueve el entrenamiento y la práctica, se esculpe y potencia el espíritu e ímpetu de las fuerzas y componentes de la nación. La espada que blande su combatiente surge de la pericia del artesano y la vitalidad de una economía.

Las destrezas de sus ciudadanos y cuerpos militares, frente al conflicto y frente a la paz.

El placer y malestar gestado en la evaluación y ejecución del accionar, retroacción y feedback ante la formación y configuración de un gran estado. Las evaluaciones conducen a determinar la loable victoria o la aplastante derrota, el altar o el féretro, la leyenda o el olvido.

La victoria se percibe, los triunfos se construyen. El cielo y la tierra se pueden esculpir en la mente del adversario, se puede cabalgar sobre el corcel de la mente y corazón de multitudes.

Los fosos se cavan a través de percepciones, impresiones maquilladas en el ojo contrario. La comprensión de la fuerza descomunal implica asimilar la debilidad extrema. El núcleo de la acción se distorsiona en el vapor y en lo ilusorio. Los senderos se adecuan frente a la lectura del adversario, la iniciativa se garantiza y a través del tránsito a través del laberinto que hemos diseñado la presa colapsa. Se concede una prisión con aspecto de paraíso, se transporta a lo amargo sobre dulces senderos.

El principio de la palanca en física nos enseña a mover un gran peso con uno diminuto si lo disponemos de forma estratégica y hacemos uso de la ventaja mecánica.

Miyamoto Musashi nos lo recomienda, atacamos lo fuerte a través de percepciones, se desequilibra al maestro y quien comanda la operación militar, se le remueve de su centro, la iniciativa se traslada a nuestra posesión.

Se incide en la mente y en la dimensión abstracta, una minúscula gota se les expone como un vasto océano, una antorcha como el mismo sol.

Se pulveriza la cordura y se rompe la sensatez.

Se nutre el caos y se alienta la dispersión, concentrar fuerzas en múltiples puntos agota y quebranta.

Se encarna las pesadillas y los temores del adversario, se desmantelan las fibras, la comunicación en su sistema, se desintegra la estructura y se le atomiza, se absorbe la sabia del contrario y con ellas nuestras fuerzas se alimentan.

En silentes parajes anida la devastación, el macro cerebro nos prodigara con el acierto o desacierto de la acción.

La lectura y la reinterpretación se realizan no solo con la totalidad de nuestro estado, incluimos al oponente, a la amplia y mutable bóveda celestial, el metabolismo político y la dimensión que instaura todo orden y arreglo.

Los preparativos.

Emprender y activar el aparato bélico implica un costo elevado y proporcional al flujo de acciones e inacciones. De entenderse como una colosal empresa que implica un gasto, una inversión, un proceso logístico y de mantenimiento. Las distancias demandan una inversión consecuente al territorio a salvar y el esfuerzo solicitado, un paso dado por el gigante de la guerra devora fuerza y riqueza.

La dimensión biológica transmite lecciones en torno a las épocas y las edades, ciclos de florecimiento y decadencia, esta ultima entraña el relevo y sesión de ventajas.

Grandes compañías nos han enseñado la máxima economía de la acción y utilización de recursos al despegar verticalmente, aprovechar la celeridad de rotación de nuestro planeta y descender hasta el destino trazado. Aprovechar corrientes, orientar y ajustar avances con el impulso de las condiciones, desplegar una vela y navegar esculpiendo el flujo latente.

La excelencia de la operación militar yace en su carácter intempestivo, instantáneo. El largo tiempo y la dilatación jamás han conducido a buenos puertos.

Alejandro Magno enseña en torno a la maestría marcial posterior al desembarco en tierra extranjera, conduce a su tropa a un terreno mortal, reduce toda opción a la victoria quemando los barcos. El hambre y la necesidad encienden la potencia del león en su cacería.

El alimento y el instrumental bélico, se arrebatan y suman a nuestras fuerzas. Incrementamos nuestro ejército con las tropas del adversario, se depara un trato humano y de respeto. La guerra se desata sobre la decadencia, lo corrupto y quien se desvía del justo sendero. La espada no se desenfunda para incrementar el odio o el dolor. Sustenta una escuela celestial.

La comprensión de la vulnerabilidad y el dolor, los estragos y heridas que infringe. Los monstruos liberados, su comprensión insta a entender su carácter y naturaleza.

Las recompensas se dividen a través de la conquista, se dispone en manos de quien se destaque. Los maestros en el arte de la guerra recomiendan impartir obsequios al pequeño, castigar al grande si así lo amerita.

El gran propósito del arte expuesto estriba en la solida victoria, que miles de muertos engendren millones de fantasmas y pesadillas, más allá de la sumatoria de triunfos desgastantes. El ejercicio bélico implica un desequilibrio en la administración de un estado, su accionar implica un trono inestable. Su ejercicio ha de contar con la vitalidad de los integrantes de su macro organismo y extender su prosperidad y grandeza, nunca su ruina, sus vicios, sus enfermedades u apetitos malsanos.

Un preludio ha de ser esbozado como la sombra del futuro, sus huellas y los trazos que confluyen en el, avanzar en su dirección se puede tomar como caminar sobre el agua, en otros como perseguir el canto de una sirena y estrellarse contra las rocas, en otro como un trayecto que arrebata pesados fardos, incrementa su carga o la hace ligera.

El entrenamiento se valida a través de un manantial de proyecciones, roles que retienen el eco de destinos próximos. Las posibilidades ponen a prueba la pericia, destreza y capacidad de adaptación, un anfitrión que muda de manera aleatoria sus pasos y su danza.

Cuando miles escarban en la tierra y su horizonte se yergue sobre su mirada, ha de disponerse la atención en las altas esferas del firmamento, anticipar las costas que están por formarse ante el flujo temporal, instalar múltiples escenarios sobre un velo universal.

Entender e interpretar las señales que se dibujan en la extensión del instrumental bélico, comprender su metabolismo, sus transformaciones y sus estados. Percibir la red de filamentos que extienden a través del territorio y todo aquello que lo constituye.

La excelencia de la espada reside en la vitalidad que la nutre y soporta, en la destreza y pericia del artesano, en la gloria técnica, en una economía prospera, en la disciplina de las masas y en el gran anhelo de conquistar y superar las versiones de antaño, sobre la filosofía que le acompaña, la doctrina con carácter humano, las cálidas voces que le cobijan y las letras que inmortalizan sus leyendas y glorias.

La espada que fulmina con el resplandor solar, emula la calma del inmutable espejo adherido a la superficie de los lagos, el filo que escribe y sella la victoria que trasciende la ruina y la desolación.

Toda tropa se esculpe desde su cuna, desde sus tutores, instituciones complementarias a su disciplina marcial, lo dispuesto en la mesa y lo ofertado por todo aparato industrial, el ambiente que configura la doctrina, el carácter de sus comunidades.

Desde el pequeño que arriba al mundo se forja la grandeza del estado, hasta el trato e importancia que se dispensa a aquellos próximos a partir de nuestro mundo, a través de los géneros y a través de las edades.

Un empleado en nuestro tiempo conecta con su grupo más cercano, con una red de contactos y unas rutinas puntuales, un empleado y todo evento que incida en el repercute probablemente en más de 4, se disemina en más de 12 y puede impactar a un centenar. Bien de manera positiva o bien de manera adversa.

El ataque

La incursión de Julio cesar en tierras barbarás, exponer la capacidad de despliegue de su ejército junto a su potencial ingenieril, un gran puente en lo que actualmente conoceríamos como Alemania en un corto tiempo. La anexión de ciudades estado, respeto a las costumbres y tradiciones por parte de Alejandro el grande, especialmente sus campañas y conquistas en Oriente. Gestar territorios a través de intangibles, someter a través de una fluctuación monetaria, atar a través de flujos mediáticos y entretenimiento. Adoctrinar haciendo uso de canales de fácil acceso.

La experticia en las artes marciales convoca a desintegrar la estrategia del adversario, compete a un orden emocional, sicológico y mental. Miles de barreras podrán elevarse al mismo cielo, una voz basta para abrir las puertas.

El aislamiento y desconexión, tornarle inmóvil y famélico, la misma técnica que utilizan las manadas en el reino animal, ha de contemplarse que puede esta activar y encender un potencial desconocido, imperceptible ha de ser.

El ataque y el asedio se vislumbran como últimos recursos. La voluntad del comando debe fundirse e integrarse a la de la totalidad. Se observa con miles, se sufre con ellos, se triunfa con ellos.

La conquista a través de la espada habilita y cultiva una réplica similar. Yeltsin, hombre de estado Ruso nos recuerda: quien construya su trono con bayonetas, no espere a permanecer por mucho tiempo en el.

Apelar a los favores prodigados en antaño es mezquino, la sinergia y las ganancias que derivan de ella postula el clima de las naciones.

Estados unidos aprendió, al atacar al pequeño lo conduce al estrellato, experiencia de Vietnam y Cuba.

Sun Tzu recordara a quien se instruya en el arte de la guerra si la proporción es 10 a 1 se rodea al adversario, su percepción se asfixia y su moral se desvanece. 5 a 1 se ataca, 2 a 1 se divide, en equivalencia se asume la confrontación. Inferior ha de retirarse, insondable e inaprensible, de precipitarse a la acción se caería prisionero.

La victoria suele esculpirse en la percepción y los sentidos de las masas. Un parecer se propaga y contamina, una actitud contagia y óptimos ejemplos encienden su fervor.

Las tropas no sirven al general, es este quien sirve a ellas y a su pueblo. No ingiere alimento hasta que el último de sus soldados cuente con su ración sobre la mesa. Siempre será el primero en avanzar y estar dispuesto a sangrar y exponerse con los suyos. El peligro, la adversidad y los triunfos se comparten.

Una gran sinergia y un gran respeto deben derivarse de la interacción entre el gobernante y el general. El gobernante confía la dirección de la acción en quien se ha hecho maestro en el camino, evalúa prudentemente su selección y le establece ante las elites y el grueso de sus fuerzas, los dos sirven a la grandeza de su nación.

El gobernante hace vulnerable y la expone de inmiscuirse en asuntos donde no ha sido entrenado o dista de su vocación o camino. Cada instrumento en una orquesta ostenta un sonido y un rol particular, su ensamble armónico y la adhesión a una sinfonía celestial expone la grandeza y majestad de una magnifica alianza y sinergia. Los entrenamientos y prácticas se ponen a prueba, las composiciones plasmadas en sus legados culturales y expresivos se hacen inmortales, la excelencia técnica del fabricante de instrumentos y la economía que la soporta garantizan una música excelsa.

Un león mal alimentado contara con garras frágiles y débiles, famélico y enfermo claudicara en su avance. Un gran equilibrio debe establecerse en la amplia red que define y configura a un estado.

Grecia nos recomendaba el auto conocimiento, los filósofos y maestros del Tao y las artes marciales instan a sumar a ello el conocimiento de los demás, de los grupos, de las regiones celestiales y sus variantes, de las condiciones latentes en un terreno, sobre las fluctuaciones y pulsiones del tiempo, sus ritmos, los esquemas mentales y sicológicos. Más allá y a través de lo sutil.

El desconocimiento de sí mismo y los otros de acuerdo a Sun Tzu significara que por cada batalla librada se expone a graves peligros. El desconocimiento de una de los dos implica un igual porcentaje de probabilidad de ser derrotado o elevarse victorioso.

La interpretación de los ritmos y dinámicas, danza cósmica y universal.

El optimo empleo de las fuerzas consecuente con lo formulado.

Sintonizar un macro-organismo, hábil lector e intérprete, sobre la fortaleza y debilidad del adversario.

No mezclar artes o vocaciones ajenas en una dimensión administrativa, su ímpetu se instala para incrementar la capacidad de respuesta de la institución que le blande y la manifiesta.

El dialogo y la retroacción es esencial, comunicación y control, bases de la cibernética, hija de la observación diligente de la configuración neuronal y nerviosa de un organismo y las acciones y respuesta que este esboza ante un estimulo o un medio.

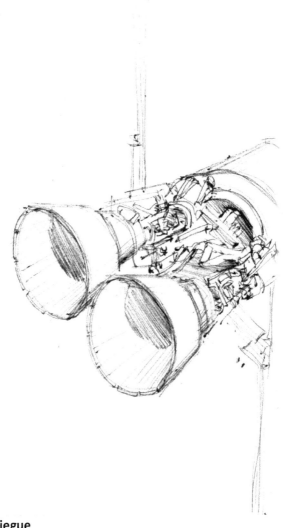

Despliegue

Múltiples leyendas documental la vulnerabilidad de un gran héroe que solía creerse imbatible, tendremos a Aquiles y su talón, Sigried en las leyendas nórdicas,

Sansón y su cabello. Ciudades estado que colapsan y se debilitan por el ingenio de una acción, Troya y el obsequio del caballo es un gran ejemplo. Stuxnet con el programa atómico de Irán en una versión contemporánea. Un conjunto de palabras, signos y códigos, un serial de números pueden poner en riesgo la integridad de una nación.

Sun Tzu nos comparte la postura y anhelo de los generales de antaño, ellos buscan hacerse invencibles a través de la defensa y la supresión de formas visibles. Emplazar lo que podría ser atacado en las profundidades abisales, en lo insondable. La potencia del ataque desde regiones celestiales, el impulso fulminante de la caída libre y la multiplicación del poder de destrucción.

La síntesis y la abstracción, la consecución del origen y principio.

Miyamoto Musashi bien nos recomendaba la confianza al momento de blandir la espada y dibujar el golpe, de no hacerse con la intención de matar la acción no se debe ejecutar. No cometer errores para Sun Tzu consiste en no dudar, todo estado emocional impregna toda acción. Al adversario se le derrota mucho antes de ejecutar la acción, previo a la batalla.

La vocación y el sendero del Tao solicitan el arbitraje, protección y victoria por parte del maestro de las artes marciales o el general.

La estrategia para el gran genio Asiático invoca la percepción y lectura del espacio en sus múltiples dimensiones y parámetros, su contexto y condición. El territorio incide en la interpretación sicológica del mismo. La fuerza y potencia latente, versa en torno a los números y contrastes, la plataforma que eleva o deprime, acelera o pausa, concede oportunidades o conduce a la ruina y devastación.

El cálculo, surge de procesar las estimaciones previas, de allí se coteja y se dispone en la balanza de probabilidades y escenarios latentes en torno a la victoria.

La vitalidad, fuerza y poder del instrumental bélico y de la tropa, se nutre en su base social, política y económica, el ejercito deriva y expresa la condición del estado.

La consecución de la victoria revela un criterio de proporción, notable desequilibrio. 100 a 1 en la conquista, 1 a 100 en la derrota. El pesado fardo que se multiplica y aplasta. La descomunal desventaja ante la imparable tormenta.

La metáfora que documenta Sun Tzu representa el estado con sus ciudadanos y tropa a modo de un descomunal volumen de agua contenido y represado, su liberación y arrasador flujo.

El potencial se libera y enciende, las puertas se abren en el momento oportuno, canalizan y concentran la implacable expresión al reclamar la victoria para su estado. El disparo y el destello oportuno, la gran victoria, la suma de ellas disminuye la fuerza y vitalidad del estado.

La red que teje la araña y da la sensación de ser labrada en cristal, su víctima colapsa y se asfixia en su propia desesperación, el momento se lee y se detecta sobre un manto que se creía inexistente. Toda acción y capacidad de respuesta se deteriora y se desintegra, la iniciativa se traslada al predador.

La fuerza

Un cuadro esboza a una dama reteniendo las fauces de un poderoso león, el titulo ostenta: Fuerza. La concepción tradicional y convencional la orienta a una dimensión cosmética o un imaginario que se torna en cliché. Dumas con la saga de los tres mosqueteros, retrata a una dama quien en algún momento sostiene una relación sentimental con el mosquetero Athos, frente al espejo y maquinando su estrategia en voz alta: la fuerza de la mujer está en su debilidad.

Del imaginario a la dimensión sicológica, de la explosión cinematográfica y televisiva a la transformación de una cifra o moneda y el sometimiento de naciones. La Opep nos concede un gran ejemplo ante los colosos de la industria y la economía.

Las ventajas mecánicas transmiten soluciones en abstracto, modelos conceptuales que sintetizan y recrean problemas universales. Un punto de apoyo, una palanca. Un polipasto y una polea hábilmente esbozada, reducen el esfuerzo a una fracción. Una rampa o un plano inclinado, una rueda y un eje, toda fatiga se reduce y se suprime.

Ingenio a través de la síntesis y minimizar esfuerzos o labores, Eniac, coloso de la computación, el trabajo de un año y por miles de personas lo reduce a una semana, los pioneros de IBM consiguen tabular los datos del censo en estados unidos a una minúscula fracción temporal.

El programa espacial aprovecha la gravedad para imprimir un gran impulso al vehículo empleado en una misión y ahorrar increíbles cantidades de combustible. Miles de bibliotecas se comprimen a través de una conexión de internet.

El terreno y la percepción de la distancia se trasladan a una escala microscópica y atómica. Las guerras se ganaran y delimitaran en lo imperceptible y diminuto.

Fuerza, su definición se renueva y prevalece con el paso de los siglos.

Sun Tzu comparte una perspectiva cibernética, sobre el Leviathan de Hobbes y el artista que lo representa, el triunfo del piloto automático, los sistemas fly by wire, una red neuronal que habilita el feedback o retroacción en el sistema.

A través de la disposición consecuente con las circunstancias y la comunicación.

A una escala planetaria, las montañas se elevan en dirección al cielo, el agua perfora las profundidades, esculpe sus costas, de su interacción y correlación con la estrella más próxima gestan un cielo mutable.

Lo directo y lo indirecto, lo legible y lo insondable, los sustancial y lo irrelevante, a través del contraste y la diferencia aplastante.

Un sin número de propiedades emergentes afloran de la configuración de múltiples sistemas. El poder de la catarata en sus senderos, elevación y caída. La celeridad del proyectil que detona su carga en el impacto en una reacción físico- química.

La liberación y manifestación de propiedades, el despertar de una descomunal potencia.

De la energía almacenada y comprimida a la elección del momento oportuno para desatarla.

El sistema binario expone la reconstrucción digital de un universo en dos cifras. Las posibilidades se muestran infinitas, sus combinaciones inagotables, la combinación de lo ortodoxo y heterodoxo, o sutil e indirecto, sorpresivo, entraña una gran variedad.

Sun tzu en torno al fragor de la batalla, nos subraya, la disposición inteligente y acertada consolida el orden y el caos, las condiciones, pautas y parámetros de los escenarios y líneas temporales inciden sobre el valor y la cobardía.

De la ejecución, liberación del gran ímpetu, la fuerza y la debilidad.

El general es quien debe contar y tener siempre la iniciativa. Musashi lo expondrá en el modo de ver y asumir al adversario como nuestra tropa u ejercito. Se comanda y controla la iniciativa del contrincante tal como el cazador oferta y trabaja sobre los intereses y propósitos de su presa, sobre su naturaleza, sobre sus rasgos y sobre su carácter. Expuesta y tomada la ilusión de la ventaja la acción se desata en el mismo destello.

Otra caricatura no le otorgará el crédito a Sun Tzu y al ingenio de las civilizaciones, sobre el trabajo inteligente: muchas personas esculpen un colosal cubo sobre un terreno plano e inútilmente intentan empujarla, una, solo una esculpe una esfera y tras empujarla aventaja a la multitud. El señor Covey expondrá en sus siete hábitos una filosofía afín en su capítulo afilar la sierra.

Honra a Sun Tzu en su definición de victoria pública y victoria privada, autoconocimiento y comprensión de los demás.

Otra caricatura exhibe una persona que intenta ver a través de un muro, trae una docena de escaleras y las arroja de manera horizontal, tras ello, inútilmente intenta ver sobre el muro. Uso inteligente de la energía y los recursos.

Los maestros del arte de la guerra conectaran lo expuesto al afirmar, dos victorias y se alzara rey, una victoria y le proclaman emperador, el número de victorias incrementa el desgaste y la vulnerabilidad.

Fuerza en el esgrimista legendario consiste en golpear con el mismo sol, enceguecer y matar.

Liberar el potencial de devastación del átomo al dividirle.

Cerrar y abrir compuertas para elevar y descender embarcaciones en un canal. Transformar una condición natural y reenfocarla a un servicio, el rio, la rueda y el molino.

Fuerza, la validación de una ventaja astronómica.

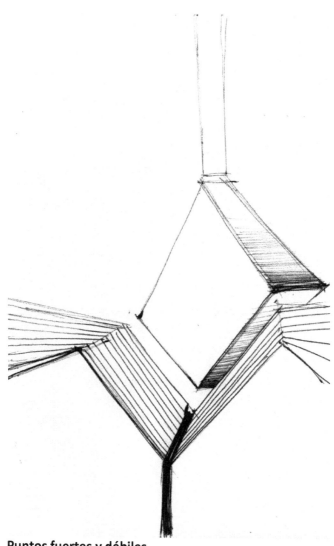

Puntos fuertes y débiles

El manuscrito del fuego de Musashi comparte la estrategia de contar con la iluminación a nuestra espalda, sea con la luz del sol o alguna fuente artificial, el avance debe conducir al adversario a tener a su espalda un terreno que entrañe una gran dificultad y riesgo para este. El organismo humano expone una capacidad sensorial en lo visual de un 50% en la totalidad de la circunferencia, 180°/360°. Las ventajas se crean, el sendero que conduce a la victoria se edifica y construye.

El despliegue se sintetiza y a través del mismo se persigue la máxima economía, la energía del adversario se agota y se disipa sin advertirlo. A la Alemania Nazi en su aspiración imperial se le cortan los suministros y aprovisionamiento de Petróleo, en su desespero exploran en torno a los biocombustibles y energías alternativas.

Un paso o avance dado por un estado implica un gasto de energía y recursos, tal como la respiración esbozara un conjunto de ritmos, fatigas y descansos.

El mismo Musashi recomendará mentalizar y obrar con el adversario como si de nuestras tropas se trataran, la iniciativa nos pertenece y el escenario se esculpe en favor de nuestra victoria.

Se le debe extraer de sus guaridas y hábitat natural, incitarle a revelar sus formas, intenciones y planes. Iluminar sus sombras y lo que su mente oculta y alberga.

Nada permanece constante, todo muta, los cielos pueden revelarse constantes y predecibles, su variedad es asombrosa y sutil.

Los mercados exponen una teoría en torno al océano azul, libre de tiburones y de competencias despiadadas. Sun tzu les inspira en evitar aquello que ha cultivado una gran fuerza y poder, abordar lo que no ha sido conquistado. Concentrarse en lo vacio, en lo que puede ser inundado.

Para todo pionero el vacio expuesto corresponde al futuro presto a ser escrito.

En el conflicto y en la adversidad es crucial la ausencia de la forma, afín al magnetismo y las corrientes de vientos. Su forma en la disciplina marcial será revelada tras obtener la victoria.

Sobre la percepción y el terreno mental, lo pequeño adquiere la apariencia de gigante, la respuesta que se obtiene es en proporción a la ilusión. Su energía se derrocha y despilfarra.

Anticiparse, el samurái legendario nos invita a recurrir al contagio, al bostezar el adversario se verá tentado, al mostrarse débil se instalará la idea de debilidad. Asumir el control sobre la danza que procesa toda emoción, el sonido que arrastra al precipicio.

La ventaja previamente se esboza en el desequilibrio e incremento o multiplicación de la fuerza en la disposición de un accionar, la liberación y despliegue oportuno sobre un territorio configurado en múltiples dimensiones y en un taller o fabrica insondable, sobre la ausencia y vulnerabilidad se yergue como el éxito de la gran operación.

Muchos, realmente serán uno en cohesión o en disgregación, con vitalidad desbordante o con una condición famélica, a través de sus sentidos es susceptible de creer ficciones y asimilarlas. El punto más vulnerable de la mente humana reside en su mirada, en su oído y en sus creencias. El filamento que puede absorber una letal descarga o servir de puente al virus conceptual.

El enfrentamiento

Las árcades o centros de entretenimiento, previo a la
proliferación de la electrónica y la transición de la

computación a ambientes domésticos exponen su concepción mecánica e ingenio sobre escenarios o mundos lineales que se repiten una infinidad de veces. Veremos una moto o un vehículo avanzar sobre un rodillo, el control se limita a izquierda o derecha, el escenario discurre como una cascada en dirección al jugador. ¿Corre en círculos? ¿Se le vende la idea de recorrer kilómetros cuando solo está salvando un radio limitado del cilindro?

Espejismos e ilusiones, la industria cinematográfica ha revelado en su detrás de cámara el ingenio de transmitir, transportar y hacer creer una realidad alterna a las masas.

Hacer próximo lo lejano, recomendación transmitida por el genio militar, modificar la situación adversa en una descomunal desventaja. Los fenómenos y eventos en la naturaleza al ser abordado en dimensiones más altas, se expresa en un modo sencillo y elegante, su abordaje se facilita y la comprensión se amplia. Si la mente se constriñe y la percepción pierde alcance, la posibilidad de respuesta y acción disminuye en igual proporción.

La lectura idónea y acertada de las variables y factores implica una validación constante sobre posibilidades, escenarios futuros y la secuencia de eventos en tiempo real.

Un automóvil revela una parte de un gran y colosal sistema, interpretar el   vehículo sin gasolineras, sin mecánicos entrañaría una gran torpeza. Salvar una descomunal distancia sin contar con el combustible necesario y los requerimientos complementarios indica el desconocimiento a través de la incertidumbre, la niebla de guerra implica la colisión contra lo evidente y aquello que puede evitarse.

El empleo de guías locales, el marinero que establece una alianza con las aves y extrae el conocimiento en tiempo real de las condiciones próximas, el perro que olfatea y expande sus sentidos, el caballo que le hace más rápido y multiplica el impacto en función de una gran celeridad.

Somos muchos en nuestro organismo humano, colonias de bacterias, células especializadas, armonía entre conjuntos, sinergias y procesos que se auto regulan. De la identidad del sistema, de su delimitación a la expansión de sus comunidades y correlaciones con otros grupos, un conjunto de seres humanos entendido como un macro organismo, avanzando coordinado, multiplicando sus capacidades y potencia. Consiguiendo, conquistando y produciendo en grandes proporciones.

Veloces como la luz, majestuosos como la biosfera, voraces como las reacciones estelares e impasibles como un planeta próximo a la estrella y con condición rocosa, insondables como el abismo que teje un agujero negro, abruptos como una partícula subatómica.

La comunicación y control, pilares de la cibernética reaparece en la idea de instalar un soporte y estructura eficiente en torno a la percepción y escaneo, transmisión y replica en un repertorio de instrucciones consecuente al nivel de complejidad y procesamiento.

Ante un adversario humano, sus condiciones se amplifican acorde a su naturaleza. Sus creaciones transportan su genio y expresión. Lo lleno se evita, lo vacio se confronta, lo antagónico se blande ante lo vulnerable o lo fuerte, al coloso se le puede hacer sentir pequeño si él lo permite. Los maestros del Tao comparten la gran sabiduría en la distribución del instrumental bélico, al pequeño se le entregara la lanza, el grande la ballesta y el arco, el fuerte los heraldos y señales, al de genio volátil y gran energía los tambores, al débil y temeroso se le delegará la labor logística, al sabio la creación de planes y la alta administración. Las fuerzas se preservan, se anticipan las desventajas y riesgos potenciales, a las tropas elites se les evita, acorralar implica encender un gran ardor y un ímpetu devastador, la oportunidad de escape se concede, tomada se aplasta.

Las variables

Los maestros del Tao y del arte de la guerra insistirán en el dominio y conocimiento del cielo, sobre sus diferentes esferas y cambios, sobre la tierra y sus condiciones, sobre el corazón entendido como el procesador de emociones, ímpetu y ardor en toda respuesta. El hombre y sus instituciones, el lazo que conecta lo más alto, lo más bajo, lo insondable y se propaga a modo de red entre su nación y sus adversarios o pares en la competencia.

Un terreno o escenario de despliegue se puede mostrar adverso o difícil, puede asumirse como arma o perecer en el. Ostenta un espíritu y un carácter, un recipiente que canaliza y retiene la acción o la inacción. Invoca tiempo, distancia, energía, incidirá en la confianza de las tropas, el general eleva la mente de los suyos y ninguno lo advierte, al liberarse el ímpetu la colisión y manifestación de poder será desbordante.

Alientan a trabajar sobre la crisis y el caos, tal como si avanzar en un barco o vivienda ardiendo en llamas, la desesperación o el desorden mental es contraproducente en el ejercicio marcial. Musashi recomendara al samurái a recrear su mente, traducido en una visión administrativa trabajar con la simulación (digital) de los peores escenarios). Antes de que el caos adquiera forma se ha ganado un paso ante ello. El plan entraña la consecución de un beneficio, la adquisición de la victoria. Nos advertirán, preservarla constituye un gran reto y dificultad.

Las funciones, a modo de obras de teatro advierten y revelan las posibilidades en torno al desarrollo de las acciones. Sabia es su afirmación por parte de Sun Tzu, el temor al daño frena, el avance y la acción conduce a la fatiga y el cansancio, la oportunidad que se exhibe motiva a dar un salto.

El humor y la comedia revelan una gran joya del ingenio humano, ¿Cuál es el fundamento de un chiste? Se trabaja sobre la tradición y el estándar, sobre eventos convencionales, al emplazar la atención allí, tal como lo haría un mago o un prestidigitador conduce de forma fulminante, extrae instantáneamente y ubica en otro contexto al hilo de la narrativa. Tal es el éxito, afín a la adivinanza, oculta, disfraza y por ultimo exhibe lo que se creía críptico e insondable.

Se incita a desgastar y cansar al contrario, uno será su musculo, su apetito, otra será su mente. Siempre prestos a la acción, prevenidos y preparados, afinando la tensión de la capacidad de respuesta, ataque y defensa.

El contagio de Musashi advierte sobre trabajar con lo convencional, la renovación impera, contemplar lo no explorado y no revelado: innovar y trascender. Las murallas del imperio Bizantino se creían invulnerables hasta que aparece en escena la pólvora y sus cañones. El coloso en el dinosaurio sucumbe ante la versatilidad del mamífero. La victoria definitiva y absoluta carece de números o manecillas.

El general encarna el comando, 5 podrían ser sus talones de Aquiles en palabras de Sun Tzu, de ser temerario perderá la vida, si se aferra a ella puede caer prisionero, iracundo reaccionara ante la ofensa, adherido al honor susceptible a lo referido a él cuando no está presente. Noble en extremo, casi hasta rayar en la devoción maternal los eventos le aplastaran con el paso del tiempo.

Quien conduce, quien comanda, carga la responsabilidad de la vida y muerte de un estado u organización.

Maniobrar con el ejército

Punto en común entre Musashi y Su Tzu, la iluminación a la derecha o en la parte posterior, a nuestra espalda.

La vegetación más elevada, el bosque o un terreno útil si el repliegue es necesario, confiere escudo y defensa si debe usarse.

Escenarios, la altura de la montaña, el rio o el pantano y los terrenos llanos.

Ha de optarse por la proximidad al cielo, las grandes potencias de nuestro tiempo aceleraron la conquista de las más altas esferas y el espacio, el ojo, oídos, voz, arma que se dispone en el cielo. En la dimensión ambiental lo iluminado es sinónimo de salud y bienestar, la oscuridad cultivo, nido de males y enfermedades. El cielo y los territorios se enlazan, su lectura es esencial, la comprensión de su metabolismo es crucial en la consecución de la victoria, el triunfo de Yu Sun Si, almirante Coreano concede una lección marcial al confrontar los invasores Japoneses, atiende a las corrientes y los trazos sobre un lienzo cambiante. Aplasta con la furia de los mares.

La dificultad debe extenderse al adversario de forma inadvertida, un terreno equivale al recipiente en el que se instala una postura mental. Lo insondable se percibe a través de lo evidente y la expansión de la atención, el mago con su juego de manos induce a anclar el ojo en un señuelo, la verdad se expone ante y en las narices de la audiencia.

La arena captura las huellas que en ella se imprimen, las aves, animales y otras especies revelan la alteración de su equilibrio. Desde lo micro a lo macroscópico, evidencia a quien transita a través de sus dominios.

Las cartas de póquer exponen una figura que se instala de manera invertida, tal situación sintetiza la naturaleza humana en sus múltiples formas de expresión. El reflejo del estanque revela la verdadera imagen en lo profundo. Se lee la acción de las dos manos, más allá de la voz se lee a través de la acción.

Un movimiento evidencia el próximo paso. Musashi reinterpreta a su maestro, el éxito en la disciplina marcial al contemplar a nuestro adversario como si fuese nuestra tropa, nuestro general. Frente a la derrota se empuña el filo que ofrece el oponente, frente a la victoria se asume la empuñadura y el gran control.

El soporte a la lectura e interpretación del adversario deriva del espionaje, análisis, provocaciones calculadas que incitan a revelar su verdadera forma.

El éxito conduce a la derrota, las fiebres y embriaguez del triunfo pueden aplastar y enceguecer, la integridad y el ánimo han de ser inalterables.

Trataremos a nuestras fuerzas como si de nuestros hijos se tratasen, evitando echarlos a perder. Ejemplos históricos se detectaran en el emperador-filosofo Marco Aurelio, en Luis XIV o rey sol. Su descomunal trabajo vertido en un inodoro o una letrina en su relevo generacional. El derroche de mimos y facilidades les estropea, veremos la simiente de colosos y héroes ahogarse en sus minúsculos vicios, derrotados por sus pasiones y ensoñaciones que contradicen el bienestar de las multitudes.

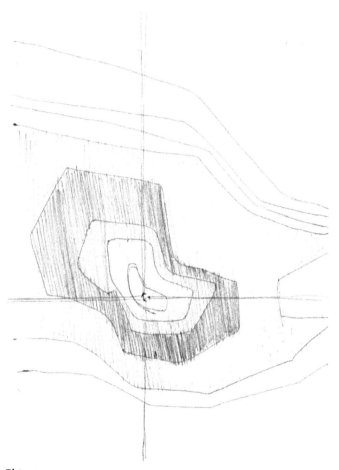

El terreno

El viento no se podrá ver, la trayectoria y avance de un ave revela una corriente que se creía invisible. Los senderos y caminos insertos en la tierra, los senderos y caminos insertos en el cielo. Aviones destrozando la barrera del sonido, sistemas de navegación de avanzada, sinergia entre el hombre y la máquina, la reinterpretación e inserción de sistemas neuronales en una dimensión electrónica, emerge el modo de detectar y rastrear la incursión enemiga a través de redes de radares, el dominio cognoscitivo habilito la aplicación de materiales y tecnologías que les hacen indetectables. Velocidad, altura, vastas dimensiones si tomamos la superficie terrestre y expandimos esferas concéntricas a la superficie, se traduce de forma literal en la "búsqueda de una aguja en un pajar".

En las profundidades y la transferencia de una capacidad sensorial y de detección única en el sonar.

Las frecuencias y longitudes de onda en el espectro, la radio, los microondas, el transito a través de invisibles, dominios y condiciones distantes a los lugares frecuentados y familiares a los sentidos convencionales.

La obra del genio militar reitera la recurrencia en la cifra 5, identifica en cuanto a terrenos cinco tipos:

Accesible: su incursión se facilita desde diversos puntos. Internet, las tecnologías que se democratizan, los dominios técnicos, tecnológicos y científicos que proliferan y se adoptan. La adopción de la ventaja, lo soleado ha de interpretarse como la claridad y transparencia en la navegación y tránsito, el enlace con un amplio abanico de puertos, una condición nodal en un dominio topológico.

Complejo: la incursión se facilita como la primera, la salida resulta enmarañada.

Neutro: tanto para el adversario como nuestra fuerza se hace difícil el transito y extracción.

Abrupto: cuando la dificultad se manifiesta a su alrededor y en torno a él.

Se anhela la ventaja, la iluminación, vida y escudo en su proximidad al despliegue operativo.

Es obligación de la disciplina marcial conocer los terrenos en sus múltiples dimensiones. Abordar la naturaleza, ventajas, dificultades y mutaciones de la tierra y el cielo, de lo tangible y real a lo digital y abstracto. Todos los posibles escenarios de transito, en un contexto microscópico un dato puede filtrarse, en un grano de arena se puede insertar la voz que garantiza el colapso de un estado.

Los maestros de antaño y como se ha expuesto previamente subrayan el dominio celestial, terrenal y humano en su centro para el ejercicio marcial y la validación del camino o Tao. Camino entendido como vocación, remisión al origen y principio. La tropa en armonía adopta los colores asume la identidad de su sistema, su general incide en las respuestas y el carácter que se emula, la retroacción deriva del feedback trazado por la sinergia entre comando y fuerza potencial, entre ejército y generales. Su condición deriva a disposiciones mentales y espirituales, formula un filo devastador o la exposición de puntos vulnerables carentes de protección o defensa alguna.

Anhelantes a liberar y manifestar el poder de la acción y el comando es débil y famélico. Las tropas se muestran confusas y vacilantes.

No proporcionar y medir adecuadamente puede conducir a despliegues que asfixian y entorpecen todo accionar.

Se desmantela ante una tropa débil y un comando con carácter y poder.

La ausencia de armonía y la ceguera ante el abanico de ventajas y adversidades incita a la desconexión, la intención de batalla no representa y no se identifica con el despliegue de la fuerza.

Un terreno puede ofrecer un millón de golpes e impactos, garras y colmillos que pueden devorar ejércitos enteros, impulsos que remontan y elevan una tropa hasta las mismas estrellas, todo depende de la dirección y disposición en el tiempo, en la mente y en el espacio.

El avance o retroceso depende de la manifestación de la victoria previa a la acción. El comando sirve al gran destino de su nación. La concentración en el vacio del adversario, la posesión de la ventaja, la cesión de lo desfavorable, la sinergia inmortal a través de la gran humanidad se fulmina con las estrellas, se pulveriza con un mar de rocas, se aplasta con el mismo océano.

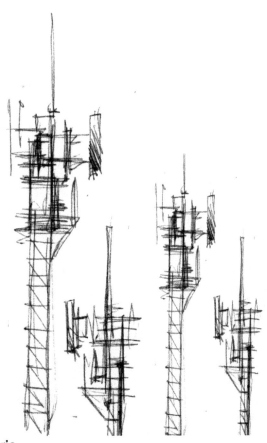

Territorio

Un territorio esboza el despliegue del dominio e influencia de un grupo determinado. La extensión amplificada de su accionar y el soporte para las mismas. El uso de un idioma, el despliegue de una cultura, un arte, una emisora, un canal televisivo, un sistema operativo corresponde a una definición o delimitación territorial.

El arte de la esgrima enseña la evolución y progreso en 3 fases, cuando se logra en la primera la unión entre mano e instrumento de batalla, la maestría que se deriva de ello permite enfrentarse incluso con una hoja de papel. Sigue la ausencia de la espada en la mano y su instalación en el núcleo que procesa toda emoción y respuesta, se podrá impactar al enemigo si este se encuentra a 10 metros. Para sun Tzu la materialización de la fuerza a través del accionar bélico se sustenta y apoya con el despliegue de una red que infecta, vulnera y desarmoniza la organización del estado al que se confronta. El caos que se instala en sus actores, ejercito y personas. Se conquista y se derrota a kilómetros. Insondable para nuestra tropa y para el contrario. Sin forma se ejecuta el despliegue, en el instante preciso se revela el rostro de la muerte, la adversidad y el peligro nuestras fuerzas duplicaran su valor y coraje.

El conocimiento y acceso a la información debe garantizarse a profundidad, maniobrar y formular todo plan tal como si gobernáramos, fuésemos los regentes del destino del adversario.

Impredecibles en la acción, indescifrables e intempestivos. Golpeando donde no seriamos esperados, ausentes donde se cree que deberíamos estar.

La confianza y armonía se cultiva en nuestras fuerzas, toda duda y desconfianza se disipa, la cohesión y la gran unidad debe ser absoluta. Los dioses ancestrales se representan con una docena e incluso un centenar de brazos. La hidra como símbolo de una organización representa la máxima disposición y desgaste. Un pulpo o un kraken, una mirada y un centenar de recursos y espadas al servicio de su acción.

Acorde a la administración e influencia de grupos y comunidades sobre un tiempo, un espacio o una plataforma de expresión, emanan las ventajas y dificultades del tránsito, emplazamiento y despliegue de un ejército.

Nueve tipos identificará Sun Tzu, en el capitulo previo ha de observarse como lugares con influencias circunstanciales o en proporción a un avance o conjunto de respuestas, este ha de analizarse como la equivalencia de una expresión administrativa y cultural fruto de la interacción de múltiples partes u actores de un conflicto.

Dispersivo ante guerras civiles y diferencias internas, intereses incompatibles al interior de su organización. No debemos permitir ser arrastrados o mezclados en problemáticas que no nos compite.

Disputado no desplegar o liberar la fuerza, su posesión serviría a alguna de las partes.

Abierto, la cohesión de las tropas debe ser total junto a la consolidación de la defensa y la incursión se habilita para nuestras fuerzas y el antagonista.

De intersección o nodal, confluyen diversos estados para asumir el control de este, su interés es geopolíticamente estratégico, el incremento de las fuerzas a través de sinergias y alianzas es crucial.

La incursión a profundidad en territorio enemigo invoca un eficiente accionar logístico, arrebatar y aprovisionarse del alimento del adversario.

El avance se torna difícil en extremo, la movilidad se reduce a una posibilidad reducida y minúscula, abandonar la dificultad clama por la urgencia.

Cercado, el ingreso es fácil, la salida no lo será, puede constituirse en ventaja o nido de derrota, el control de entradas y salidas junto a su adecuado uso garantiza la proximidad a un gran triunfo. Un escudo puede adquirir el tamaño de una montaña o esta se puede convertir en el recipiente que recepciona todo fuego y devastación.

Mortal, idóneo para encender el mayor potencial, la desconocida voracidad de todo instrumental y espíritu humano.

Fronterizo, se ingresa en territorio adverso y a escasa profundidad ha de validarse la óptima comunicación y accionar de las fuerzas bajo un mismo heraldo.

Los recursos, fuerza y energías se administran con destreza y estrategia, la iniciativa debe blandirse y obtenerse a nuestro favor. El máximo potencial se revela y manifiesta ante la mayor adversidad. A la fuerza del ejército se le suma la tormenta celestial, la furia de los mares, la inclemencia de la tierra y las miles de espadas prodigadas por los señores del tiempo.

La tropa cuenta con una dimensión humana y sensible, su experiencia y conocimiento habilita su contraparte en el despliegue de grandes poderes y respuestas, de la fluctuación entre la elevación y descenso surge la comprensión humana y el equilibrio de las vocaciones y senderos.

El fuego.

El proyecto Manhattan recrea la activación de unos escasos instantes del fulgor estelar, la bomba atómica devora una vasta extensión de terreno, más allá de su devastación tangible su poder anida en la cicatriz sicológica y la siembra de temores ante la capacidad de respuesta por parte de una nación.

5 es la cifra que deriva de la abstracción de la cruz con el trazado del cardo (Norte-Sur) y su eje perpendicular, decumano (Oriente-Occidente) junto al punto de intersección. Musashi expresa los cinco núcleos de guardia, 5 para la representación simbólica de los cinco extremos de un ser humano o múltiples diseños biológicos.

El uso del fuego se proyecta sobre las personas, sus recursos y soporte de consumibles, su instrumental, sus recintos y su arsenal o insumos de rotación. El fuego insta a anclar toda atención, se descuida un vasto número de procesos por su supresión y extinción, la nube que se propaga enceguece y entorpece todo avance y respuesta. Su vehículo de propagación va de la mano con las condiciones idóneas y apropiadas, el viento constituye su mejor vehículo junto a los rangos de temperatura. Lo incendiario conecta de manera inmediata con miedos y temores latentes, desde la distancia hiere y aplasta toda moral.

Fulminar con el agua evidencia un descomunal poder. El antiguo testamento en la tradición Judeocristiana expone un magnífico ejemplo. El control del clima y la reconfiguración de eventos expondrán un arsenal devastador.

Sun Tzu recomendara el reconocimiento, la justa recompensa en la consecución de la victoria. Se impulsa y se persuade, con la recompensa, se frena o se empuja con la justa promesa y ejecución del castigo.

La espada ha de exponer la sabia y noble postura del soberano, el interés del estado prevalece sobre toda emoción y solicita la máxima expresión de servicio, toda emoción es afín al vapor, una nación entregada a su extinción difícilmente será restaurada.

Los espías.

El conocimiento del oponente no se logra a través de oráculos, astrología o adivinación, se consigue a través de información concreta y de la observación indirecta. Incursión a su red de transito de información.

¿Cómo conquistar y derrotar al adversario desde la distancia? El espionaje es uno de los tantos recursos y el esencial para disipar toda niebla de guerra. Lo que rechaza medio mundo en un contexto contemporáneo, los desechos y basura puede proporcionar información útil en torno a patrones de consumo.

Sus huellas, sus programas, su música evidencia en voz alta los hábitos y costumbres de un estado. Cuando este pretende ocultar tras miles de capas una intención, con semejante acción la ha revelado.

Se identificara al local, al infiltrado en cadenas de mando y administrativas, al doble: la enfermedad que se reprograma y reorienta, liquidable: cuando este porta información falsa y nutre ilusiones y falacias, superviviente: cuando este logra retornar y extraer información vital.

Red sensorial que incrementa y amplifica los sentidos y capacidad de lectura, las cookies, las huellas cedidas en el transito a través de la red mundial de información, los hábitos registrados y los pasos cedidos a quienes consiguen, adquieren y crecen con las migajas, rastros y datos abandonados. Cada vez mas intrusivo y transparente, nadie se percata de ello, en poco a modo de implante, organismos de cristal, traslucidos y fáciles de escanear.

www.marcoaureliogalan.blogspot.com
www.forjaprotoestelar.com

Acerca del autor:

Fundador de Forja Protoestelar SAS. 1er puesto (año 2016) en el 1er Galardón Universidad Santo Tomas, Facultad de Arquitectura. Reconocimiento público cómo egresado distinguido de la facultad de arquitectura (Universidad Santo Tomás) (año 2015). Los mejores proyectos de graduación en el mundo, Archiprix 2005, Glasgow, Escocia. Finalista en el concurso internacional de diseño automotriz Yakey Corp. Primer puesto en el III salón al merito académico Prospero Chinchilla Pico, sociedad Colombiana de Arquitectos. Ponente en la VII Bienal Iberoamericana de Arquitectura, EeE (año 2010). Ponente en la cátedra inaugural en la Universidad Santo Tomas (año 2012). Autor de obras que abarcan y desarrollan temáticas de Ciencia Ficción, Literatura, Arquitectura, Ilustraciones y diseño automotriz. Arquitecto auxiliar en los diseños del Sistema de Transporte Masivo del Área Metropolitana de Bucaramanga y el Centro cultural del Oriente.